AF254932

ISBN: 978-1-954033-01-6

Written by Benjamin Paul Kantor

Published by KoineGreek.com Books
An imprint of

539 W. Commerce St. #494
Dallas, TX 75208
www.KoineGreek.com

KOINE GREEK

parable of the sower
η παραβολη του σπειραντος

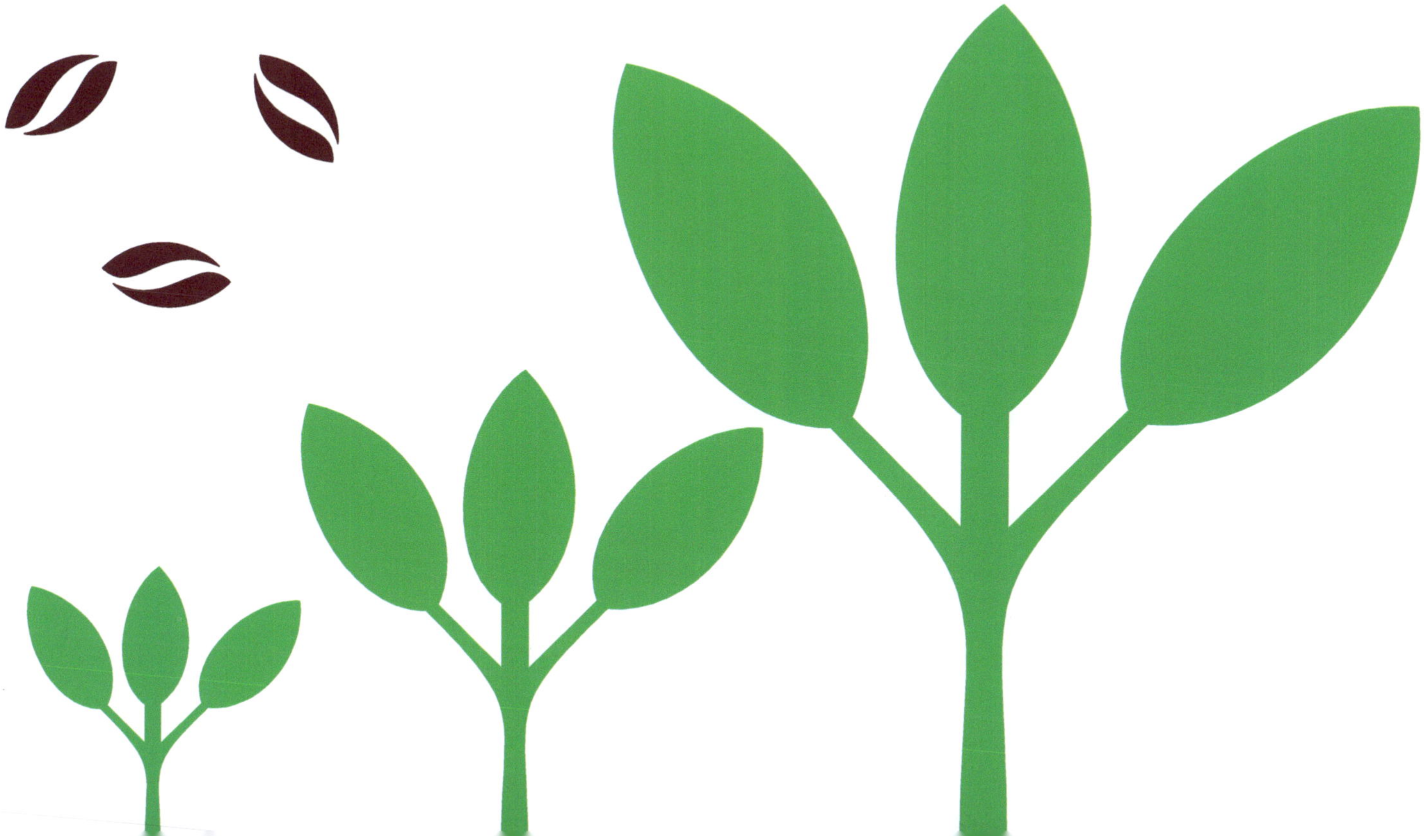

ἰδοὺ ἐξῆλθεν ὁ σπείρων
τοῦ σπείρειν

καὶ ἐν τῷ σπείρειν αὐτόν

ἃ μὲν ἔπεσεν
παρὰ τὴν ὁδόν

καὶ ἐλθόντα τὰ πετεινὰ
κατέφαγεν αὐτά

ἄλλα δὲ ἔπεσεν
ἐπὶ τὰ πετρώδη

ὅπου οὐκ εἶχεν
γῆν πολλήν

καὶ εὐθέως ἐξανέτειλεν
διὰ τὸ μὴ ἔχειν
βάθος γῆς

ἡλίου δὲ ἀνατείλαντος
ἐκαυματίσθη

καὶ διὰ τὸ μὴ ἔχειν ῥίζαν ἐξηράνθη

ἄλλα δὲ ἔπεσεν
ἐπὶ τὰς ἀκάνθας

καὶ ἀνέβησαν
αἱ ἄκανθαι

καὶ ἀπέπνιξαν αὐτά

ἄλλα δὲ ἔπεσεν
ἐπὶ τὴν γῆν τὴν καλὴν

καὶ ἐδίδου καρπόν

ὃ μὲν ἑκατόν

ὃ δὲ ἑξήκοντα

ὃ δὲ τριάκοντα

www.ingramcontent.com/pod-product-compliance
Lightning Source LLC
Chambersburg PA
CBHW042129030726
47599CB00002B/409